Raphaël-Georges Lévy

Les Droits de succession en France et à l'étranger

Étude

ISBN : 978-1723086175

10 9 8 7 6 5 4 3 2 1

Raphaël-Georges Lévy

Les Droits de succession en France et à l'étranger

Étude

Table de Matières

Section I

Personne ne nie l'importance des questions financières chez les nations modernes ; mais, tout en reconnaissant la place qu'elles doivent tenir dans leurs préoccupations, les hommes, entraînés par le courant de la vie, le labeur quotidien et le souci de leurs intérêts immédiats, ne prennent souvent pas la peine de réfléchir aux conséquences des lois nouvelles, ni de mesurer l'étendue des répercussions qu'elles auront sur l'existence des individus et l'organisation de la société. Et cependant la hâte et l'imprudence des législateurs, sans cesse occupés à remanier l'arsenal des règlements fiscaux et à chercher partout des ressources pour remplir le tonneau des Danaïdes qui s'appelle le budget, nous ménagent de telles surprises et aboutissent à des votes si périlleux, que les plus indifférents doivent finir par ouvrir les yeux. Parmi les innovations qui, depuis un petit nombre d'années, modifient le programme de nos impôts ou plutôt y ajoutent sans cesse d'autres fardeaux, il n'en est pas de plus grave que la transformation et l'élévation des droits de succession, qui prennent une place de plus en plus grande dans les législations contemporaines ; simples taxes fiscales à l'origine, ils tendent à devenir un instrument de destruction de la propriété individuelle et de péréquation de la richesse, ou plutôt, ce qui n'est pas la même chose, d'absorption des fortunes particulières par le Trésor public. Il y a là un retour au droit féodal, qui devait être le phénomène le plus inattendu dans nos démocraties modernes, mais qui n'en apparaît pas moins dans les audacieuses théories de certains prétendus réformateurs. D'après eux, l'Etat posséderait un droit éminent sur la fortune des citoyens, absolument comme le seigneur de jadis, maître des terres, concédait la jouissance de certaines d'entre elles à ses vassaux, ou encore comme un monarque absolu, un tsar de Russie ou un padishah des Ottomans, se croyait et était en réalité naguère l'arbitre des biens de ses sujets autant que de leur vie.

Une des circonstances fameuses où cette idée s'affirma a été l'exposé du plan financier de sir William Harcourt dans son *budget speech* de 1894. Proposant aux Communes le remaniement de la législation fiscale anglaise en ce qui concerne les successions, le chancelier de l'Echiquier ne craignit pas de déclarer que, selon lui, lorsqu'un homme meurt, c'est l'Etat qui se saisit de ses biens et que ce n'est que par son bon plaisir que les héritiers les recueillent. C'est exactement le contraire de la théorie qui est à la base du droit de nos sociétés, et d'après laquelle le mort saisit le vif, c'est-à-dire que celui qui est appelé à succéder se trouve, à l'instant moine du décès, investi de la propriété des biens du défunt, en vertu de la loi.

Le dogme collectiviste ne permet à l'homme de jouir des fruits de son travail que de son vivant ; il ne lui reconnaît pas la faculté de disposer de ce qu'il a acquis ; il prétend subordonner le droit civil à l'arbitraire fiscal. C'est ainsi que, d'après un projet soumis à la Chambre des députés dont le mandat vient d'expirer, dans tous les cas où une succession ouverte en France et régie par la loi française comprendrait des fonds publics, actions, obligations, parts d'intérêt, créances et généralement des valeurs mobilières déposées ou existant à l'étranger, les héritiers, donataires et légataires ne pourraient se faire remettre lesdites valeurs qu'après avoir obtenu un envoi en possession spécial : ils perdraient toute vocation héréditaire et tout droit aux donations et legs portant sur ces mêmes valeurs, s'ils n'avaient pas fait leur déclaration dans les délais fixés. Faute par eux d'avoir accompli ces formalités en temps utile, l'envoi en possession serait prononcé au profit d'un autre successible, qui les aurait dénoncés au fisc et qui serait censé avoir succédé seul et immédiatement au défunt pour tous les biens et valeurs spécifiés dans l'exploit de mise en demeure s'unifie par le dénonciateur. Telles sont les dispositions que suggérait à l'ancienne Chambre la commission chargée d'examiner le projet de loi tendant à réprimer les fraudes en matière de succession. Leur adoption bouleverserait notre code en faisant dépendre la vocation héréditaire de l'accomplissement de formalités préalables.

Mais si les dernières armes forgées dans l'arsenal législatif ne sont pas encore toutes en service, il n'en est pas moins nécessaire de montrer avec quelle rapidité, chez certaines nations modernes, les impôts sur les successions ont été augmentés. C'est un phénomène nouveau que l'importance prise dans les recettes budgétaires par cette catégorie de taxes ; c'est depuis peu d'années que les taux en ont été élevés d'une façon souvent extravagante. Chaque fois qu'un déficit apparaît, ou que notre Parlement veut trouver des ressources pour une dépense nouvelle, il tourne ses regards vers cet objet qu'il croit taillable et corvéable à merci. Avec le principe de la progression qui lui a été appliqué, il est impossible de prédire où l'on s'arrêtera.

Les quelques exemples que nous avons choisis sont empruntés à deux catégories de pays : tout d'abord ceux qui, comme le nôtre, ont établi des droits successoraux extrêmement élevés et leur demandent une part notable de leurs ressources budgétaires : cette liste comprend avant tout la Franco et l'Angleterre, le Japon et, à un degré bien moindre, l'Italie. Puis nous citerons des nations qui, comme l'Allemagne, ont apporté, malgré les charges croissantes de budgets démesurément enflés par les dépenses militaires, une modération extrême dans le régime de taxation des héritages et qui ont même complètement exempté les plus intéressants de tous, ceux des enfants et des époux. La Belgique se range à peu près dans la même catégorie, ainsi que les États-Unis d'Amérique.

Section II

Les questions de droits de succession ne sont pas nouvelles. Comme bien d'autres, elles ont passé par des phases diverses, au cours desquelles il s'est opéré des mouvements dans les deux sens. L'empereur Auguste, à Rome, établit la *vicesima hereditatum*, le prélèvement du vingtième des héritages c'est-à-dire l'impôt de 5 pour 100, au sujet duquel Pline écrivait : *Tributum tolerabile et facile heredibus duntaxat extraneis, domesticis grave* : « Cet impôt est tolérable pour les héritiers étrangers, mais lourd pour ceux qui sont de la famille, » et il ajoutait : *Manifestum erat quanto cum dolore laturi, seu potius non laturi homines essent distringi aliquid et abradi bonis quæ sanguine, gentilitate, sacrorum denique societate meruissent : quæque nunquam ut aliena et speranda, sed ut sua semperque possessa, ac deinceps proximo cuique transmittenda cepissent.* « Il était clair que c'est avec douleur que des hommes supporteraient ou plutôt ne supporteraient pas qu'on leur enlevât et arrachât quelque chose des biens qui leur revenaient en vertu de parentés, d'alliances, du culte auquel ils étaient associés : ils ne les ont jamais considérés comme une chose étrangère, objet de leur espérance, mais comme une propriété leur ayant toujours appartenu et destinée à être ensuite transmise par eux au plus proche parent. » C'était là, comme l'observe très justement M. Paul Leroy-Beaulieu[1] qui rappelle cet éloquent passage, la doctrine de la « saisine, » c'est-à-dire de la possession immédiate et directe par l'héritier, sans intervention de la loi, ou plutôt en vertu même de cette loi qui reconnaît aux membres de la famille une sorte de co-propriété antérieure à la mort du *de cujus*.

La Rome impériale vit se modifier l'ancien esprit de famille républicain : les fortunes de quelque importance y devinrent peu à peu un objet de convoitise de la part de l'Etat. Lorsque celui-ci se personnifiait dans un Empereur, certains particuliers croyaient s'assurer durant leur vie la paisible jouissance de leur richesse en luisant de César leur héritier.

En France, pendant tout le cours du XIXe siècle, les droits de succession sont restés à des taux modérés. Même en 1815, en 1871, après nos revers, le législateur n'a pas considéré qu'il pût s'écarter sensiblement, au moins en ligne directe, du taux de 1 pour 100, de ce qu'on appelait sous l'ancienne monarchie le centième denier. La loi du 22 frimaire an VII, fondamentale en la matière, établissait les droits suivants : en ligne directe, pour les biens meubles 0, 25 pour 100, pour les immeubles 1 pour 100 ; entre époux, pour les meubles 0, 62 1/2 pour 100, pour les immeubles 2 1/2 pour 100 ; entre collatéraux, pour les meubles 1, 25 pour 100, pour les immeubles 5 pour 100. La loi du 28 avril 1816 éleva quelque peu le tarif, sans toutefois le modifier en ce qui concerne les descendants et ascendants en ligne directe : entre époux, les biens meubles furent taxés à 11/2 pour 100, les immeubles à 3 pour 100 ; entre collatéraux, les meubles à 2 1/2 pour 100, les immeubles à 3 pour 100 ; entre personnes non parentes, les meubles à 3 1/2 pour 100, les immeubles à 7 pour 100. La loi du 21 avril 1832, qui fit un nouveau pas dans la voie de l'élévation des droits, n'innovait ni en matière de successions en ligne directe, ni en matière de successions entre époux : entre frères et sœurs, oncles et tantes, neveux et nièces, les meubles furent désormais taxés à 3 pour 100, les immeubles à 6 1/2 pour 100 ; entre grands-oncles et grands-tantes, petits-neveux et petites-nièces, cousins germains, les meubles à 4 pour 100, les immeubles à 7 pour 100 ; entre parents au-delà du 4e degré

1 *Économiste français*, du 3 juillet 1909.

et jusqu'au 12e, les meubles à 5 pour 100, les immeubles à 8 pour 100 ; entre personnes non parentes, les meubles à 6 pour 100, les immeubles à 9 pour 100.

Pendant toute la première moitié du XIXe siècle, on voit que les biens meubles étaient beaucoup moins frappés que les immeubles, qui, au début, supportaient des charges quadrupler et qui, jusqu'en 1850, furent toujours plus lourdement taxés que les meubles. Cette distinction fut supprimée par la loi du 22 mai 1850, qui établit l'égalité entre les deux catégories, et vint fort à propos augmenter les ressources du Trésor, à une époque où la fortune mobilière commençait à se développer à une allure rapide et où les titres de rente, de chemins de fer et autres valeurs industrielles entraient en quantités croissantes dans les portefeuilles des capitalistes.

En 1871, malgré l'énormité des sacrifices que la France dut s'imposer, elle ne toucha pas à cette partie de la législation fiscale, et, parmi les innombrables impôts votés par l'Assemblée nationale, on n'en trouve point qui augmentent les taxes de succession. C'est une preuve à ajouter à beaucoup d'autres de la sagesse de cette assemblée, qui se distingua, en des heures difficiles, par son patriotisme éclairé. Il faut arriver au début du XXe siècle pour assister tout d'un coup à une modification profonde, qui nous fut du reste suggérée par l'Angleterre. C'est de la refonte des droits de succession par sir William Harcourt, en 1894, que s'inspira la loi du 25 février 1901, qui introduisit chez nous pour la première fois une taxe successorale progressive. La progression ne correspondait plus seulement à l'éloignement des degrés de parenté, mais à l'importance de la part recueillie par chaque héritier. Les héritages étaient divisés en huit classes, et les taux des trois dernières, c'est-à-dire des parts supérieures à 250 000 francs, étaient portés à peu près au double de ce qu'ils étaient antérieurement. Cette réforme considérable était accompagnée d'une autre que l'on réclamait depuis longtemps, la déduction du passif et la réduction des droits imposés à l'usufruitier et au nu propriétaire, de façon que la réunion des deux ne correspondit qu'au droit sur la pleine propriété. Toutefois, le calcul du passif se fait encore d'une façon incomplète et demanderait à être assis sur des bases plus équitables.

La loi de 1901 établit des tarifs qui allaient en ligne directe de 1 à 2 1/2 pour 100, entre époux de 3 3/4 à 7 pour 100, entre frères et sœurs de 8 1/2 à 12 pour 100, entre oncles et neveux de 10 à 13 1/2, entre grands-oncles et petits-neveux et entre cousins germains de 12 à 15 1/2, entre parents au 5e et 6e degré de 14 à 17 1/2 et au-delà jusqu'à 18 1/2 pour 100.

Le virus de la progression une fois introduit dans cette partie de notre législation, il était évident qu'elle ne s'en tiendrait pas là. Dès l'année suivante, le ministre des Finances créa de nouveaux échelons pour les héritages supérieurs au million. La loi du 30 mars 1902 augmentait le maximum des droits de 3 à 5 pour 100 en ligne directe, de 7 à 9 entre époux, de 12 à 14 entre frères et sœurs, de 13 1/2 à 15 1/2 entre oncles et neveux, de 15 1/2 à 17 1/2 entre grands-oncles et petits-neveux et entre cousins germains, de 17 1/2 à 19 1/2 entre parents au 5e et au oc degré, de 18 1/2 à 20 1/2 entre parents au-delà du 6e degré et entre personnes non parentes.

Huit années s'écoulèrent, au cours desquelles il fut maintes fois question de donner, suivant l'expression qui a fait fortune, un autre tour de vis. En 1910, M. Cochery, après avoir vu plusieurs de ses projets d'augmentation d'impôts écartés par la Chambre, n'hésita pas à remanier, pour la troisième fois en moins d'une décade, l'échelle des droits successoraux : les majorations de droits qu'il proposa s'élevaient dans certains cas à plus de 40 pour 100. Il introduisit dans la loi des distinctions entre successions en ligne directe aux premier, second et troisième degrés. La Chambre vota le tout et créa ainsi 100 millions d'impôts nouveaux. Les droits en ligne directe vont maintenant jusqu'à 7 1/2, entre époux jusqu'à 12 1/4, entre frères et sœurs jusqu'à 18 1/4, entre parents au-delà du quatrième degré jusqu'à 29 pour 100. Comme ces 100 millions ne servent qu'à couvrir une partie du déficit, et qu'on nous annonce que les successions devront suffire aux dépenses des retraites ouvrières et paysannes, on peut entrevoir l'époque où l'Etat prétendra confisquer les deux tiers de certaines d'entre elles. Et cet article de la loi de finances, bâclée à la fin d'une session, alors que quatre douzièmes provisoires avaient déjà été votés, alors que les bancs du Palais-Bourbon étaient vides et que la plupart des députés étaient retournés dans leur circonscription pour y mener leur campagne électorale, a passé sans soulever plus d'objections que s'il se fût agi d'autoriser une petite commune à emprunter quelques milliers de francs. M. Jules Roche, dans un de ses brillants articles où il éclaire la route sur laquelle on nous entraîne et nous montre avec quelle légèreté on décide les plus graves questions, a pu dire avec raison qu'en trente ans de vie parlementaire il n'avait jamais assisté à un spectacle pareil. Quelle est l'assemblée où le dépôt d'un tel projet n'eût pas provoqué une discussion approfondie et où les orateurs n'auraient pas essayé de dépeindre à leurs collègues les conséquences qui en résulteront, les répercussions qu'exerceront sur la vie de la nation, sur la formation de l'épargne, on pourrait dire sur la moralité publique, des tarifs aussi exorbitants ?

Mesurons le chemin parcouru depuis le commencement du siècle. Avant 1901, le droit en ligne directe était uniformément de 1 1/4 pour 100 ; il s'élève aujourd'hui jusqu'à 7 1/2 pour 100, c'est-à-dire qu'il est sextuplé. Entre époux, il peut s'élever jusqu'à 12 1/4 pour 100, il est donc quadruplé ; entre frères et sœurs, à 18 1/4 : il est triplé ; entre oncles et tantes, neveux et nièces, à 23 pour 100 : il est quadruplé ; entre grands-oncles, grand'tantes, petits-neveux et petites-nièces et cousins germains, à 26 pour 100 : il est également presque quadruplé ; entre parents au-delà du quatrième degré ou étrangers, à 29 pour 100 : il est plus que triplé. Malgré l'énormité de ce dernier tarif, qui, si l'on tient compte des frais de toute nature qu'entraîne la liquidation d'une succession, arrive à dévorer le tiers de l'héritage, l'aggravation des charges a été proportionnellement plus forte encore pour la ligne directe que pour les étrangers. Le tarif progressif n'avait pas jusqu'ici accru dans une proportion très considérable le produit de l'impôt, qui était de 199 millions en 1899, 218 millions en 1902, 233 en 1903, 247 en 1907. Si les prévisions actuelles se réalisent, il devra produire environ 350 millions.

On s'explique que cette énorme augmentation du tarif ait donné des résultats relativement médiocres, en considérant la répartition des fortunes dans notre pays. Cet examen démontre que l'impôt progressif a moins de raison d'être en France que partout ailleurs ; ce n'est pas chez nous que les taux excessifs appliqués aux patrimoines dépassant la moyenne sont de nature à beaucoup enrichir le fisc. Les successions inférieures à 100 000 francs représentent en effet plus de 40 pour 100 de la masse, celles de 100 000 à 250 000, 16 pour 100, celles de 250 000 à 500 000, 11 pour 100 ; de sorte qu'à la hauteur du demi-million, on a déjà plus des deux tiers du total ; si on va jusqu'au million, on est à 77

1/2 pour 100 de l'ensemble, dont les successions supérieures à 1 million ne forment que 22 1/2 pour 100. Celles de 1 à 2 millions représentent 10 pour 100, celles de 2 à 5 millions, 7 pour 100, et ce qui dépasse 5 millions ne forme que 5 1/2 pour 100 du total. En outre, ces grosses successions, ne l'oublions pas, se morcellent vite, d'autant plus qu'il existe actuellement chez les familles de la haute bourgeoisie une tendance à la fécondité qui contraste heureusement avec la diminution générale de la natalité. Les parts héréditaires de plus de 1 million de francs ne représentent guère en valeur qu'un dixième de la masse successorale : le morcellement de la richesse est régulier en France.

D'autre part, le total de l'annuité successorale, c'est-à-dire des sommes transmises chaque année par succession et donation, n'augmente pas : il était de 6 930 millions en 1871-1875 ; il n'est plus que de 6 887 millions en 1904-1907. Dans ces chiffres sont comprises les donations entre vifs, qui oscillent autour d'un milliard par an. Il est vrai que la déduction des dettes est intervenue depuis le commencement du XXe siècle ; mais, en revanche, la baisse du revenu de beaucoup de placements fait qu'un même capital ne correspond plus à la même rente, en sorte que, si on pouvait comparer les revenus, ou constaterait peut-être une diminution encore plus forte. L'impression qui ressort de ces chiffres est la quasi stagnation, depuis vingt ans, de la v valeur de la dévolution annuelle îles biens. L'analyse de celle statistique nous apprend que les donations sont, pour la majeure partie, faites en ligne directe, presque toujours en vue de l'établissement des enfants qui se marient : elles comprennent 63 pour 100 de biens meubles, 37 pour 100 d'immeubles. Dans les successions, la proportion de ceux-ci est de 45 pour 100 et celle des meubles de 55 pour 100. Deux tiers des successions vont à la ligne directe, un dixième aux conjoints, un cinquième à des collatéraux, un vingtième à des étrangers.

La généralité des déclarations peut être considérée comme sincère : si, dans les très petites successions, il arrive que des valeurs mobilières soient transmises sans déclaration, l'habitude qu'ont les particuliers aisés de confier leurs titres à la garde des établissements de crédit et des banquiers fait que la liste de ces valeurs est communiquée automatiquement au fisc par les dépositaires, à qui la loi impose cette obligation sous des peines rigoureuses. Les inscriptions nominatives ne peuvent être transférées sans que les droits aient été préalablement acquittés. Dès qu'intervient un acte de partage, toutes les valeurs, aussi bien celles qui sont en France que celles qui sont déposées à l'étranger, doivent être déclarées et ensuite timbrées. Les évasions sont donc bien plus rares qu'on ne le croit. D'autre part, en multipliant par 20 la valeur locative ou le loyer des constructions, et par 25 celle des terres, sans déduction des impôts, des frais d'entretien et d'assurance, le fisc arrive à des évaluations très exagérées : la majoration moyenne est d'au moins 15 pour 100. Les immeubles entrant pour 2 1/2 milliards de francs dans les successions, l'impôt est prélevé a tort sur un capital de 375 millions, certainement supérieur à celui de l'évasion des valeurs mobilières. Il vaudrait beaucoup mieux que celle-ci fût évitée dans tous les cas et que les immeubles fussent correctement évalués ; mais, au point de vue des recettes budgétaires, ces deux réformes, si elles pouvaient être opérées simultanément, n'apporteraient aucun contingent nouveau.

Il est intéressant de rapprocher le chiffre des successions en France et en Angleterre : mais, comme chez nos voisins celles qui sont inférieures à 2 500 francs restent exemptes de tous droits, les termes de comparaison sont modifiés. De 1904 à 1906, l'annuité successorale moyenne de la Grande-Bretagne a été de 6 732 millions. Si on déduit de la nôtre (actif net, 5 460 millions en 1907) les successions inférieures à 2 500 francs, qui représentent environ 280 millions, notre total se trouve ramené à 5 180 millions. Les Anglais nous dépasseraient alors de 23 pour 100. Mais les donations sont bien moins importantes que chez nous en Angleterre, où la constitution de dots aux enfants est beaucoup plus rare ; elles ne représentent sans doute pas plus de la moitié de notre milliard. Dans ces conditions, l'écart tombe à 17 pour 100, et, comme la population du Royaume-Uni dépasse la nôtre de 13 pour 100, la différence de l'annuité de dévolution devient insignifiante. On sait avec quelle sévérité l'impôt successoral est perçu en Angleterre : il y a là une preuve indirecte de la correction du contribuable français.

L'application en France de la loi d'avril 1910 aura pour résultat d'opérer un prélèvement moyen de 6 pour 100 sur le capital transmis : 6 pour 100, c'est-à-dire deux années de revenu, puisque 3 pour 100 est le taux de notre rente, de beaucoup de nos grandes valeurs de placement, du rendement net de la terre, qui, dans beaucoup de cas, ne rapporte même pas cela à son propriétaire. Or les économistes s'accordent à penser qu'il est déraisonnable de saisir plus d'une année de revenu : on voit combien la mesure est déjà dépassée.

Nous examinerons maintenant le pays qui a été l'initiateur de toute cette législation moderne sur les successions, c'est-à-dire l'Angleterre. Ici nous remonterons beaucoup moins loin qu'en France et nous n'irons pas au-delà de 1894. Antérieurement à cette date, il existait cinq droits divers, qui présentaient la complication chère à nos voisins, et dont l'effet général était de favoriser la propriété immobilière par rapport à la fortune mobilière. C'était une organisation inverse de celle qui a régné longtemps en France, où nous avons vu que, pendant un demi-siècle, les meubles étaient infiniment moins taxés que les biens fonds. L'influence autrefois dominante de l'aristocratie terrienne dans la conduite des affaires britanniques s'était fait sentir là comme en beaucoup d'autres points de la législation.

Lorsqu'en 1894 sir William Harcourt, chancelier de l'Echiquier, opéra la réforme, dont l'un des buts était de rétablir l'égalité entre la propriété mobilière et la propriété immobilière, il prononça une phrase restée célèbre : « Le principe directeur est que sur toute dévolution de propriété l'Etat doit prélever sa part avant tout héritier, avant tout bénéficiaire. La raison d'être de ce principe est simple. Le titre que l'Etat possède sur la propriété accumulée du défunt est antérieur à tout autre. La nature en effet n'a donné à l'homme aucun pouvoir sur ses biens terrestres au-delà du terme de la vie. Le droit d'un mort à disposer de ses biens ne dérive que de la loi, et l'Etat a la faculté de stipuler les conditions et les réserves sous lesquelles ce droit peut être exercé. »

Cette affirmation nous paraît une des plus dangereuses qui se puissent énoncer : elle est à la fois contraire à la vérité philosophique, puisque c'est le travail de l'individu qui crée la valeur, dont par conséquent les fruits doivent lui appartenir, et destructive de l'ordre social : retirer à l'homme le droit de disposer de ce qu'il a acquis, c'est enlever à son énergie un de ses mobiles les plus puissants. Que l'État, en échange de la protection qu'il donne à chacun, dans sa personne et dans ses biens, réclame des contributions, rien de plus juste ; mais ce droit de percevoir l'impôt est à mille lieues du droit de propriété : est-ce l'Etat ou l'individu qui cultive les champs, construit et exploite les manufactures, s'impose des privations pour économiser une partie de son salaire ou de son gain et arrive à reconstituer un capital ? L'Etat est un mauvais administrateur, un prodigue, précisément parce qu'il n'est pas stimulé, comme le sont les hommes, par le désir de gagner son pain et celui des siens et d'accumuler des réserves pour son propre avenir et celui d'une famille.

Quelque erronés que fussent les principes sur lesquels il prétendait s'appuyer, sir William Harcourt fit voter un droit général, dit *estate duty*, qui frappe la valeur en capital de toute propriété réelle ou personnelle, immobilière ou mobilière, substituée ou non substituée, transmise à titre de mutation par décès, les successions inférieures à 100 livres (2 500 francs) étant exemptes. Le tarif était entre 100 à 500 livres sterling, de I pour 100, entre 500 à 1 000, de 2 pour 100, entre 1 000 à 10 000, de 3 pour 100 ; entre 10 000 à 25 000, de 4 pour 100 ; entre 25 000 à 50 000, de 4 1/2 pour 100 ; puis par échelons jusqu'à 1 million, 7 1/2 pour 100 ; au-delà de 1 million, 8 pour 100. Le second groupe de droits, *legacy and succession duties*, frappe la part de biens transmise à chaque héritier et varie suivant le degré de parenté. Les taux de 1894 ont déjà été augmentés à deux reprises, une première fois par le chef du Cabinet actuel M. Asquith, lorsqu'il était chancelier de l'Échiquier. La loi de finances de 1907 votée le 22 juin modifia l'*estate duty* pour les héritages supérieurs à 150 000 livres sterling (3 750 000 francs) en établissant l'échelle suivante : de 150 000 à 250 000, 7 pour 100 ; de 250 000 à 500 000, 8 pour 100 ; de 500 000 à 750 000, 9 pour 100 ; de 750 000 à 1 million, 10 pour 100 ; de 1 million à 1 million 1/2 de livres, 10 pour 100 sur le premier million, 11 pour 100 sur le surplus ; de 1 million 1/2 à 2 millions : 10 pour 100 sur le premier million, 12 pour 100 sur le surplus ; de 2 millions à 2 millions 1/2, 10 pour 100 sur le premier million, 13 pour 100 sur le surplus ; de 2 1/2 à 3 millions, 10 pour 100 sur le premier million, 14 pour 100 sur le surplus ; au-delà de 3 millions de livres (c'est-à-dire 75 millions de francs), 10 pour 100 sur le premier million et 15 pour 100 sur le surplus. Il est bon de rappeler que M. Asquith donnait comme motif de cette élévation de droits la diminution qu'il fit voter en même temps de l'impôt sur le revenu pour les produits du travail inférieurs à 50 000 francs par an.

Moins de deux ans après ce remaniement, une nouvelle étape a été franchie par le successeur à l'Echiquier de M. Asquith, le célèbre M. Lloyd George, dont le budget, après avoir été discuté pendant près d'une demi-année par les Communes, a été une première fois rejeté par les Lords en novembre 1909, puis voté par eux le 29 avril 1910. Le maximum de l'*estate duty* de 15 pour 100 n'a pas été augmenté, mais les taux ont été relevés dans les échelons intermédiaires : les droits sont établis comme suit pour les successions supérieures à 5 000 livres (125 000 francs) : de 5 000 à 10 000 £, 4 pour 100 ; de 10 000 à 20 000, 5 pour 100 ; de 20 000 à 40 000, 6 pour 100 ; de 40 000 à 70 000, 7 pour 100 ; de 70 000 à 100 000, 8 pour 100 ; de 100 000 à 150 000, 9 pour 100 ; de 150 000 à 200 000, 10 pour 100 ; de 200 000 à 400 000, 11 pour 100 ; de 400 000 à 600 000, 12 pour 100 ; de 600 000 à 800 000, 13 pour 100 ; de 800 000 à 1 million de livres sterling, 14 pour 100 ; au-delà, 15 pour 100. Les droits d'héritage (*legacy and succession*) sont élevés de 3 à 5 pour 100 pour les frères et sœurs. Pour les parentés plus éloignées et les étrangers, ils varient de 5 à 10 pour 100 ; l'exemption du droit de 1 pour 100 accordée aux descendants en ligne directe et aux époux est supprimée. Pour l'exercice 1910-11 (c'est-à-dire l'année financière qui va du 1er avril 1910 au 31 mars 1911), le produit des droits successoraux est évalué à 22 millions de livres, soit 550 millions de francs. La répartition de la fortune étant tout autre en Angleterre qu'en France, les charges se divisent d'une façon très différente de ce qu'elles sont chez nous. Ainsi, sur un total de 18 millions de livres payées l'an dernier, 8 millions l'ont été par 67 000 contribuables imposés à un taux de 5 pour 100 et moins, tandis que 10 millions ont été versés par 443 contribuables taxés aux environs de 10 pour 100. Le capital de ces 443 successions était de 94 millions de livres, soit 2 370 millions de francs, tandis que celui des 67 000 autres était de 181 millions de livres, soit 4 530 millions de francs. Si l'on se reporte à la décomposition des fortunes françaises que nous avons indiquée plus haut, on voit que l'ensemble de celles qui sont supérieures à 5 millions de francs ne représente guère qu'un vingtième du total, tandis qu'en Angleterre 443 fortunes s'élevant en moyenne à S millions et un tiers de francs, représentaient plus du tiers de l'annuité successorale. Certains héritages, en dépit de ces tarifs élevés, sont beaucoup moins frappés en Angleterre qu'en France : ainsi une succession de 500 000 francs recueillie par un neveu paie 5 pour 100 d'*estate duty* et 5 pour 100 de *succession dutu* ; en France, 18 pour 100.

Nous citerons maintenant l'exemple du Japon, qui a emprunté à l'Europe la plupart de ses innovations fiscales et qui a déjà été loin dans le domaine qui nous occupe. La loi n'y distingue pas de nombreux degrés de parenté. Elle s'occupe surtout de savoir si l'héritier recueille uniquement les biens du défunt ou s'il reçoit aussi la charge de la maison, de l'entretien du culte des ancêtres. Dans ce dernier cas, les droits sont plus faibles. Le descendant qui est aussi héritier, de la maison paie 4 pour 100 au-dessus de 70000 yen (170 000 francs) ; au-dessus de 100 000 (258 000 francs), 1/2 pour 100 de plus pour chaque 50 000 jusqu'à 1 million, soit, pour 1 million, 14 pour 100 ; lorsqu'il est seulement l'héritier des biens et propriétés, le taux s'élève jusqu'à 15 pour 100. La loi exempte de tout droit la succession de celui qui est tombé sur le champ de bataille ou à la suite de blessures reçues ou de maladies contractées au cours d'une campagne. D'autre part, toute succession rouverte au bout de trois ans, est exonérée des droits jusqu'à concurrence des droits payés par la succession antérieure ; de moitié, si la succession se rouvre dans les cinq ans.

Ce qui est frappant, c'est le peu d'écart entre les droits payés par les descendants et par les autres parents. Ceci s'explique par un des traits distinctifs de la législation successorale japonaise, qui voit avant tout dans l'héritier le nouveau chef de famille chargé de conserver le culte et les souvenirs des ancêtres. Le fait de n'avoir pas d'enfants est considéré comme un malheur et rend l'adoption très fréquente. L'adopté reste alors héritier des biens dans sa famille naturelle et, succédant à « un chef de maison » par suite de l'adoption, hérite des documents de la lignée, des tombeaux, des objets de fête, tels que l'*ihaï*, symbole de l'âme des aïeux. Il est également chargé de venir en aide aux membres de la famille nécessiteux. Dès lors, il est logique de ne pas le considérer comme un étranger à qui survient un accroissement de fortune inattendu que le fisc cherche à amputer dans la plus large mesure possible. Cette préoccupation est tellement celle du législateur japonais qu'il exempte de tout droit la « succession à la maison » quand elle est inférieure à 1000 yen ; tandis que l'exemption des droits pour la simple succession aux biens ne s'étend qu'aux héritages inférieurs à 500 yen.

D'ailleurs, cette législation ne remonte qu'à 1905 et n'a été créée que pour subvenir aux besoins de la guerre. Une fois les dettes amorties, il est possible que les droits soient réduits. De toute manière, on voit combien l'idée de la famille et de la nécessité de la perpétuer est présente à l'esprit des Japonais. Nous ajouterons qu'une nation qui a su réduire son budget de 1909 à un chiffre inférieur de près de 100 millions de yen (258 millions de francs) à celui de 1908, qui amortit avec persévérance sa dette publique, pour le remboursement de laquelle elle inscrit un crédit annuel d'au moins 50 millions de yen, et qui annonce sa ferme intention de faire disparaître en trente ans tout le fardeau que lui a légué la dernière guerre, a le droit plus qu'une autre d'édicter une législation sévère en matière fiscale. C'est à l'énergie d'un soldat, du maréchal Katsura, ancien ministre de la Guerre, aujourd'hui ministre des Finances et président du Conseil, que la double tâche de réaliser des économies sur les dépenses militaires et de faire rapidement disparaître la dette, a été confiée. Si en Fiance les taxes nouvelles servaient à commencer l'amortissement de notre monstrueuse dette, nous serions peut-être moins sévères dans nos critiques : nous n'avons malheureusement pas cette consolation.

Nos voisins d'Italie ont du moins celle de voir, depuis de longues années, leurs budgets se solder en excédent, et, n'était le souci de leurs chemins de fer d'Etat, ils n'auraient vraisemblablement pas eu besoin de recourir aux augmentations de taxes successorales édictées par la loi de 1903. D'ailleurs les taux des droits de succession et de donation en ligne directe et entre époux sont encore inférieurs aux nôtres de près de moitié, puisque le maximum en est de 3, 60 pour 100 pour les ascendants et descendants et de 6, 60 pour 100 entre conjoints. Les autres taux maximum sont de 10 pour 100 entre frères et sœurs, 13 entre oncles et neveux, 15 entre grands-oncles et petits-neveux, 18 entre parents jusqu'au 6e degré, enfin 22 pour 100 au-delà. Les legs faits à des institutions de bienfaisance ne paient jamais plus de 5 pour 100.

Section III

Voilà, parmi les grands pays, ceux où les successions sont le plus lourdement frappées. Nous allons maintenant en passer en revue quelques-uns, plus fortunés, où elles sont très légèrement taxées. Nous considérerons en premier lieu l'Allemagne, où malgré les besoins croissants de budgets dont le déficit est chronique, malgré les énormes dépenses de la guerre et de la marine, malgré l'accroissement de la contribution de l'Empire aux assurances ouvrières, qui, d'ailleurs, n'approche pas, même de loin, des sommes que vont coûter au budget français les retraites obligatoires combinées avec les lois d'assistance antérieures, on n'a pas encore touché aux successions en ligne directe ni aux successions entre époux.

Jusqu'en 1906, il n'existait aucun impôt sur les successions au profit de l'Empire, dont le budget s'alimentait au moyen des impôts indirects, timbre, droits de douane, taxes de consommation sur le sucre, l'alcool, le tabac, le sel, la bière. L'impôt successoral était en vigueur chez un certain nombre d'États particuliers, en Prusse par exemple, où il était d'une grande modération. Il y avait été réglé en dernier lieu par la loi du 19 mai 1891, et ne frappait ni les successions en ligne directe, ni les successions entre époux, ni celles qui échoient au fisc, aux établissements publics, aux œuvres de bienfaisance. Il était de 1 pour 100 pour les pensions viagères attribuées aux serviteurs, de 2 pour 100 pour les enfants adoptés, les frères, sœurs, neveux et nièces, de 4 pour 100 pour les autres collatéraux jusqu'au 6ᵉ degré, les beaux-enfants et beaux-parents, et de 8 pour 100 dans les autres cas. Cet impôt n'existe plus en Prusse depuis qu'a été voté l'impôt impérial des successions, qui date de la loi du 3 juin 1906 : celle-ci, à l'instar de l'ancienne loi prussienne, déclare non imposables les successions échues aux descendants en ligne directe et entre époux. Elle autorise toutefois les Etats particuliers à taxer ces successions à leur profit ainsi qu'à mettre des surtaxes sur les droits établis en vertu de la loi d'Empire.

Le taux de l'impôt est réduit aux trois quarts pour les propriétés agricoles et forestières. Des remises totales ou partielles sont accordées quand les dévolutions de biens entre parents rapprochés se suivent à de courts intervalles. Des délais considérables sont impartis pour l'acquit des droits, notamment quand il s'agit de biens fonciers. La part du budget impérial a été fixée aux deux tiers du produit de l'impôt, le dernier tiers revenant aux États particuliers. Le taux est de 4 pour 100 pour les pères, mères, frères, sœurs, neveux, nièces, de 6 pour 100 pour les grands-parents et aïeux, les beaux-parents, gendres et brus, petits-neveux et petites-nièces, enfants reconnus et adoptifs ; de 8 pour 100 pour les oncles et tantes, pour les alliés au second degré en ligne collatérale ; de 10 pour 100 pour les autres héritiers. Si le montant de la succession dépasse 20 000 marks, les taux ci-dessus sont multipliés comme suit : au-dessus de 20 000 marks ; par 11/10 ; au-dessus de 30 000 marks, par 12/10 ; au-dessus de 50 000 marks, par 13/10 ; au-dessus de 500 000 marks par 2, de 1 000 000 marks par 25/10 avec des échelons intermédiaires. L'impôt est de 5 pour 100 sur les successions qui échoient à des églises nationales, à des établissements de bienfaisance ou d'utilité publique.

Ce qui domine cette législation, c'est l'exemption des successions dévolues aux descendants en ligne directe et aux époux, c'est-à-dire de la grande majorité. Ce sont là les héritages véritablement intéressants, et il convient de faire une distinction fondamentale entre les législations qui les exemptent ou ne les frappent que très légèrement et celles qui les taxent d'une façon excessive. Le maintien de la famille, l'encouragement à l'épargne dépendent avant tout de l'organisation de l'impôt en ce qui touche les successions dévolues aux enfants. Nous trouvons chez nos voisins du Nord-Est des dispositions qui rappellent celles de la loi allemande. Les droits de succession en Belgique comprennent les droits de succession proprement dits et des droits de mutation. Il y est perçu : 1° à titre de « droits de succession, » un impôt sur la valeur, déduction faite des dettes, de tout ce qui est recueilli ou acquis dans la succession d'un habitant du royaume, à l'exception : *a*) de ce qui est recueilli ou acquis en ligne directe ; *b*) de ce qui est recueilli ou acquis entre époux laissant des enfants ou petits-enfants *c*) de ce qui est recueilli ou acquis en usufruit par l'époux survivant dans la succession de son conjoint, si des enfants d'un précédent mariage ont la nue-propriété ; 2° à titre de « droit de mutation en ligne directe, » un impôt sur les immeubles lorsqu'ils sont acquis ou recueillis par le décès d'un habitant du royaume dans les conditions *a*), *b*), *c*) de l'article précédent ; 3° à titre de « droit de mutation par décès, » un impôt sur la valeur des immeubles situés dans le royaume, recueillis ou acquis par le décès de quelqu'un qui n'y est pas réputé habitant.

Le droit de succession, entre époux qui ne laissent ni enfants, ni petits-enfants, est de 5 et demi pour 100, entre frères et sœurs, de 6, 80 pour 100 pour ce qu'ils auraient recueilli *ab intestat* et de 13, 80 pour 100 au-delà ; entre neveu et oncle, de 8,20 pour 100 pour ce qu'ils auraient recueilli *ab intestat*, de 13, 80 au-delà ; pour l'enfant adopté de 8, 20 pour 100 ; pour tous autres parents et non-parents 13, 80 pour 100. Le droit de mutation en ligne directe est de 1, 40 pour 100. Le droit de mutation par décès est de 1, 40 en ligne directe ; en ligne collatérale ou entre étrangers, de 6, 80 pour 100. L'enfant naturel appelé à la succession, à défaut de parents successibles, est considéré comme parent au douzième degré. En résumé, la ligne directe et les époux laissant des descendants ne paient rien sur les meubles, et 1, 40 pour 100 sur les immeubles : ce droit est réduit de moitié pour les valeurs recueillies en usufruit, on voit l'extrême modération de cette législation.

Les États-Unis d'Amérique avaient inscrit au nombre des impôts de guerre votés à la suite de la campagne contre l'Espagne à Cuba et aux Philippines, une taxe sur les successions qui était assise comme suit : successions en ligne directe ou entre frère et sœur, 0, 75 p. 100 ; d'oncle à neveu et descendants, 1, 50 ; de neveu à oncle, 3 ; de petit-neveu à grand-oncle, 4 ; entre tous autres, 5 pour 100. Ces taux étaient applicables à toute part héréditaire inférieure à 130 000 francs. Ils étaient multipliés par 1 1/2, 2, 2 1/2 et 3 pour les parts supérieures. Le coefficient de 3 pour 100, qui était un maximum, s'appliquait au-dessus de 100 000 dollars (520 000 francs). Les successions entre époux étaient exemptes. Ces droits ont été supprimés dès 1902 : l'étude n'en offre donc plus qu'un intérêt historique. Il est bon de remarquer qu'une démocratie aussi hostile que celle des États-Unis aux grandes fortunes n'a pas cherché à maintenir l'impôt successoral au profit du Trésor fédéral, et que celui qui existe dans certains États particuliers est en général extrêmement modique : à New-York, il ne dépasse pas 1 pour 100 en ligne directe.

Dans le tableau suivant, nous avons rapproché les droits de succession dans les pays dont nous venons d'examiner la législation. Nous n'avons pas fait figurer tous les échelons.

TABLEAU COMPARATIF DES DROITS SUCCESSORAUX
frappant une part d'héritage de 500 000 francs ou de son équivalent en monnaie étrangère

	Succession	«	Succession frappée du droit maximum notamment en cas de dévolution à des étrangers
	en ligne directe	entre époux	
	P. 100	P. 100	P. 100
France (500 000 francs)	3,50	7,75	23
Italie (500 000 lires)	2,80	5,80	19
Allemagne (400 000 marks)	Néant	Néant	17
Belgique (500 000 francs)	1,40 sur immeubles. Néant sur meubles	1,40 sur immeubles. Néant sur meubles s'il existe des enfants ou petits-enfants. 5,50 s'il n'y a pas d'enfants	

Japon (194 000 yen)	6	6 1/2	7 1/2
Angleterre (£ 20 000). **Estate duty**	1	1	10
Angleterre. Estate duty	5	5	5
Etat de New-York ($ 96 500)	1	1	5

Nous en avons retenu trois qui nous paraissent particulièrement instructifs : tarif en ligne directe, tarif entre époux, et enfin tarif applicable aux étrangers, c'est-à-dire aux héritiers qui paient les droits maximum. Nous avons pris comme type un héritage de 500 000 francs qui constitue une large aisance, mais non pas, pour une famille tant soit peu nombreuse, en présence du renchérissement de la vie dans les grandes villes, une fortune anormale. Dans presque tous les cas, les droits français sont les plus élevés de tous : en ligne directe, ils sont dépassés au Japon et en Angleterre ; mais, entre époux, ils sont plus forts chez nous que partout ailleurs. Notre législation est du reste seule, avec celle de l'Italie, à traiter beaucoup plus sévèrement l'héritage laissé au conjoint que celui qui va aux enfants. On reconnaît là l'empreinte du droit romain qui apportait un soin particulier à maintenir les biens dans chaque lignée et dont notre théorie des « propres, » c'est-à-dire des biens conservés par chaque époux, s'est inspirée. Nous considérons qu'il serait logique, maintenant que le conjoint est lui aussi un héritier réservataire, de ramener le taux des droits de succession qu'il paie au niveau de celui des enfants.

Section IV

Après avoir jeté un coup d'œil sur les législations positives qui sont en vigueur chez un certain nombre de nations, et particulièrement chez celles qui ont été le plus loin dans la voie d'amputation des héritages, il convient d'étudier le problème à un point de vue dont les parlements modernes, fabricateurs improvisés de lois fiscales, ne se préoccupent guère et qui domine cependant de très haut la question. Qu'est-ce qu'une succession, au sens juridique du mot ? C'est la transmission à des vivants, déterminés par la loi ou choisis par le *de cujus*, du patrimoine laissé par ce dernier à son décès. Cette dévolution est de plus en plus contrariée par les lois qui opèrent des confiscations partielles sous forme d'impôt. Certains pays en arrivent à attribuer à l'Etat le tiers de ces successions, objectif spécial des attaques socialistes, communistes et anarchistes.

Pour qu'il y ait succession, il faut qu'un titulaire de droits meure, c'est-à-dire s'éteigne en qualité de sujet juridique : il y a alors dévolution des biens d'une personne à une autre ou à plusieurs autres. Quel est le fondement de ce droit ? Le Code français règle la succession *ab intestat* d'après l'ordre présumé des préférences du défunt et de ses affections naturelles. « Quand la loi trace un ordre de succession, » disait Treilhard dans son exposé des motifs, « elle dispose pour ceux qui meurent sans avoir disposé : c'est le testament tacite ou présumé du défunt.) » Mais cette idée est moderne. La succession *ab intestat* a été organisée bien avant que le testament fût pratiqué. Le droit successoral *ab intestat* est le fait primitif et se rattache à la communauté de famille dont il est le prolongement. L'existence des héritiers réservataires que le défunt ne peut spolier prouve que la dévolution des biens est fondée sur l'idée de famille, qui empoche de dépouiller les descendants. Ceux-ci ont une sorte de copropriété et on ne saurait dire que, lorsqu'ils héritent, ils reçoivent une fortune inattendue. Le passage de l'auteur latin que nous avons cité démontre qu'il y a vingt siècles, les idées de la société romaine étaient conformes aux nôtres : Pline fait une distinction fondamentale entre les proches qui succèdent au défunt et les étrangers qu'un caprice de sa volonté pouvait instituer héritiers. Nous trouvons, dans des législations bien plus reculées encore, des démonstrations évidentes de cet état d'esprit, qui fait partie de ce qu'on peut appeler le fonds commun de l'humanité, l'instinct profond et sûr qui a guidé les premiers hommes dans l'organisation de la société. Le Code de Hammurabi, qui régnait à Babylone vers l'an 2000 avant Jésus-Christ et qui a été retrouvé gravé sur des colonnes de pierre, s'inspire déjà des principes qui se sont perpétués dans les législations modernes. Voici des exemples de la, façon dont il règle les successions [1] : « Lorsque le père à sa destinée sera allé, l'épouse prendra son trousseau et ce que son mari lui aura donné ; tant qu'elle vivra, elle les gardera ; mais elle ne peut les aliéner pour de l'argent, et, après elle, ils iront aux enfants. » Si elle n'a pas reçu de dol, elle obtiendra une part de la fortune mobilière de son mari égale à une part d'enfant. Le trousseau de la femme qui s'est remariée se partage à sa mort entre les enfants du premier et du second lit, ou, s'il n'y en a pas du second lit, entre ceux du premier lit. Si quelqu'un ayant épousé une femme, celle-ci, après lui avoir donné des enfants, meurt, son père ne peut réclamer le trousseau, qui est aux enfants. Dans tous les cas, les droits de ceux-ci sont formellement réservés. Ailleurs le législateur assyrien nous parle du fils aîné et de l'institution d'une sorte de bien de famille : « Si quelqu'un donne à son fils aîné champs, jardins, maison par écrit, après la mort du père, quand les frères partageront, l'aîné prendra d'abord le cadeau que lui a fait son père ; la fortune mobilière sera partagée à parts égales entre tous. »

Hammurabi, tout en prenant soin d'opérer une répartition équitable, cherche à empêcher les immeubles de sortir de la famille : « Si à une prêtresse ou à une femme publique son père a donné un trousseau avec une tablette n'y stipulant pas qu'après elle, elle pourrait le donner à qui elle voudrait, quand le père mourra, les frères de cette femme prendront le champ et le jardin de cette femme et, selon la valeur de sa part, lui donneront du blé, de l'huile, de la laine jusqu'à contentement ; si ses frères ne lui donnent pas du blé, de l'huile, de la laine, elle cédera à bail son champ et son jardin à qui il lui plaira, et, son fermier la sustentera. Champ, jardin et tout ce que son père lui avait donné, elle gardera autant qu'elle vivra ; mais elle ne peut rien aliéner ni solder par ce moyen, sa part d'enfant appartient à ses frères. » Plus loin la même préoccupation apparaît toujours : « Si à une fille recluse ou à une femme publique (§ 180) un père n'a pas donné de trousseau, quand le père mourra, elle prendra sur la fortune de la maison paternelle une part d'enfant, qu'elle gardera tant qu'elle vivra et qui après elle reviendra à ses frères. »

Ces passages de l'un des plus anciens codes civils qui soient parvenus à notre connaissance nous montrent de la façon la

---

1 Traduction du P. Scheil dans les *Mémoires* de la mission Morgan (p. 82).

plus claire un législateur profondément imbu de l'idée qu'il est d'un intérêt public que les patrimoines soient conservés dans les familles. Nous y voyons une sorte de droit d'aînesse consacré ou du moins admis en ce qui concerne les immeubles ; des précautions prises contre le développement de la mainmorte : la fille qui devient religieuse ou demeure célibataire ne peut faire sortir les biens fonciers de la famille ; elle n'a la libre disposition de sa dot mobilière que si son père y a expressément consenti. De même la femme mariée garde, sa vie durant, après le décès de son époux, le domaine qu'elle a reçu, mais il est inaliénable et revient, après sa mort, aux enfants. Cet exemple, mémorable entre tous, nous montre combien l'idée de la copropriété des proches parents fait partie de celles qui ont présidé à l'organisation des sociétés humaines. La tâche des législations positives a consisté à déterminer les droits de ces parents, et tout d'abord le degré auquel s'arrête la vocation héréditaire. On trouve à cet égard des solutions différentes selon les législations, avec une tendance chez les plus récentes à diminuer le nombre des parents successibles. Il ne serait pas téméraire de conclure de là à un relâchement des liens de famille, au moins en ce qui concerne les parents éloignés. L'individualisme moderne concentre de plus en plus sur les enfants et les petits-enfants l'affection du père et de la mère.

Le droit romain admettait la successibilité illimitée de tous les collatéraux qui pouvaient prouver leur parenté avec le défunt ; la loi de nivôse an II faisait de même. Les législations qui assignent une limite au droit de succéder le font de deux manières : 1° dans le système des parentèles, qui consiste à appeler hiérarchiquement les différents lignages issus du *de cujus* d'abord, puis de ses auteurs ou ancêtres, en arrêtant la successibilité à l'épuisement d'un lignage ; 2° là où l'on institue les héritiers selon la proximité de leur degré, en s'arrêtant à un certain degré.

Comme exemple du premier système, nous citerons le code autrichien qui exclut la septième parentèle, les lois des cantons de Zug et de Glaris qui font cesser la vocation héréditaire en l'absence de représentant de la quatrième, c'est-à-dire celle des arrière-grands-parents. Les législations qui appliquent la computation des degrés s'inspirent en général du système romain, qui compte les degrés nécessaires pour remonter du *de cujus* à l'auteur commun et redescendre ensuite jusqu'à l'héritier, tandis que le système canonique ne fait pas état de ces derniers : ainsi un cousin germain est au quatrième degré dans le premier cas, au second selon le comput canonique. En droit français, belge, hollandais, le dernier degré successible compté à la romaine est le douzième ; en Italie, en Portugal, le dixième ; à Genève, le huitième ; en Espagne, le sixième (code de 1889) : ce même chiffre se retrouve au Pérou, au Chili, en Argentine. Le projet de remaniement du code civil belge l'admet également Il n'y a guère que le code allemand qui ait maintenu la vocation héréditaire illimitée. Mais, quelle que soit la solution adoptée, le principe que les proches parents, à commencer par les enfants, ont un droit successoral, est à la base de la plupart des législations, et ce n'est qu'à leur défaut que l'État intervient et s'adjuge les successions vacantes ou en déshérence. Une succession vacante est celle qui est abandonnée en fait, que personne ne réclame ni n'administre. Elle peut appartenir légalement à certains successeurs, parents, conjoints, qui ne se sont pas encore fait connaître et qui la réclameront plus tard. La vacance de l'hérédité n'est alors que provisoire : un curateur lui est donné. Au contraire, la succession en déshérence est celle qui est attribuée à l'État parce qu'il n'y a pas d'héritiers aptes à la recueillir, ou que ceux qui existent l'ont répudiée ou y ont renoncé avant le décès, là où les pactes sur successions futures sont autorisés : elle est en général dévolue à l'État, quelquefois à la commune, à des établissements publics ou même privés. Le code allemand range l'Etat dans la même catégorie juridique qu'un héritier du sang, d'après le vieil adage français : « L'Etat est le cousin de tout le monde. » La plupart des législations latines le considèrent au contraire comme un successeur d'une nature spéciale, qui n'a pas la saisine et ne répond pas des dettes « *ultra vires.* » Il reçoit les biens sans maître. C'est l'idée clairement exposée par l'orateur du Tribunat, lors de la discussion de notre code civil : « Ce qui n'appartient à aucun individu appartient au corps de la société, qui représente l'universalité des citoyens. Jouissant pour l'avantage commun, il prévient les désordres qu'entraînent les prétentions de ceux qui s'efforceraient d'être les premiers occupants d'une succession vacante. » Une troisième théorie d'origine féodale, encore en vigueur en Angleterre pour les immeubles qui y sont des fiefs, admet que la dévolution au profit de la Couronne s'opère en vertu du droit de retour au suzerain : c'est elle qui sans doute était encore au fond des idées de sir William Harcourt quand il revendiquait pour l'Etat l'antériorité de son droit de propriété.

Certaines législations n'édictent pas ce droit d'une façon inconditionnelle, mais obligent l'Etat à affecter les biens qu'il a recueillis à certains emplois. Ainsi le code espagnol lui enjoint de les distribuer : 1° aux établissements de bienfaisance municipale et aux écoles gratuites du domicile du défunt ; 2° aux établissements de même nature de la province ; 3° aux établissements de bienfaisance et d'instruction ayant un intérêt général. L'article 957 du même code déclare que les droits et obligations de ces établissements seront ceux des autres héritiers. Dans quelques cantons suisses, c'est la commune qui hérite. D'autres cantons partagent la succession, les uns comme Saint-Gall, entre l'Etat et la commune, d'autres, comme Thurgovie, entre la commune et la caisse des pauvres ; d'autres encore, comme les Grisons, l'attribuent aux fondations de la commune d'origine. Les codes allemand, français, belge, hollandais, italien, suédois, accordent la succession en déshérence purement et simplement à l'Etat.

Par un argument *a contrario* dont la force paraît inattaquable, il est évident que, si l'Etat recueille ces biens sans maître, il a pour devoir d'assurer la transmission des autres à ceux qui en sont, par le fait même du décès de leur auteur, les légitimés propriétaires. Et s'ils en sont les légitimes propriétaires, ce n'est pas seulement parce que leur droit est inscrit dans le code, mais parce que l'héritage est un de ces grands faits instinctifs qui tiennent à la nature même de l'homme et que l'on retrouve, avec des différences secondaires, chez les nations les plus séparées les unes des autres par le développement historique, par la langue et par les institutions. La notion de l'héritage est étroitement liée à celle de la propriété : celle-ci consiste en objets que l'homme a transformés par son travail, édifices qu'il a construits, mobilier qu'il y a apporté, plantations qu'il a faites ; déploierait-il la même ardeur à l'exécution de ces œuvres, s'il n'était certain de pouvoir en transmettre le fruit à ceux qu'il aime ? Où a-t-on vu la nation recueillir ce que laisse un particulier ? D'ailleurs, la nation, avec l'énorme développement de ce concept, est d'origine moderne. Autrefois il n'existait que des groupes plus ou moins restreints, chez lesquels l'héritage s'est développé, précisé, jusqu'à ce qu'il fût réglementé comme il l'est aujourd'hui.

L'héritage est la condition des familles stables, qui ne pourraient se fonder, si la propriété cessait avec la vie du chef, réduit au rôle d'usufruitier. Sa suppression entraînerait l'arrêt des améliorations durables, qui ne donnent de résultats qu'au bout d'un très grand nombre d'années. M. Paul Leroy-Beaulieu a énuméré quelques-unes des conséquences qu'amènerait cette suppression : cinq ou six ans avant l'expiration d'une possession viagère ou à terme fixe, l'exploitant cesserait toutes les cultures qui demandent plus d'une demi-douzaine d'années pour être rémunératrices, par exemple celle des plantes fourragères ou la conversion de terres arables en prairies, qui exige des clôtures, des nivellements, des canalisations. Quinze ans avant le terme, il ne planterait plus de vignes, qui ne sont guère en plein rapport avant sept ou huit ans et exigent des dépenses de premier établissement qui ne peuvent s'amortir que sur une longue période ; trente ans d'avance, il cesserait la plantation d'arbres fruitiers, et bien plus tôt encore, le semis d'arbres forestiers, qui attendent trois quarts de siècle et même davantage pour atteindre leur croissance normale. Jamais la possession à temps n'équivaudrait à la propriété perpétuelle. Si longue qu'en fût la durée, il viendrait toujours un moment où certaines dépenses, indispensables à son maintien en parfait état, seraient suspendues. Le détenteur viager serait dans de bien plus mauvaises conditions encore que le détenteur à terme fixe, puisqu'il craindrait à tout moment de voir la mort arrêter brutalement son œuvre et rendre à l'État le bien cultivé par lui. On sait de combien de critiques la mainmorte a été l'objet. Le socialisme tend à établir une mainmorte universelle.

« En quelques générations, dit le même auteur, le régime de la collation forcée de toutes les successions à l'État ramènerait la société à la barbarie primitive. L'esprit humain perdrait une grande partie de sa prévoyance et de son énergie. Il ne se formerait guère de capitaux nouveaux. Les capitaux anciens seraient de plus en plus mal entretenus. En moins d'un siècle de ce régime, la misère s'abattrait sur le pays qui ne pourrait plus nourrir ses habitants. » L'État ne reconstituerait certes pas les capitaux à la place des particuliers, lui qui, au contraire, a besoin, pour les travaux publics qu'il entreprend, non seulement des impôts que ceux-ci lui versent annuellement et qu'ils doivent distraire de leurs salaires ou de leurs revenus, mais des sommes qu'ils lui avancent en les prélevant sur leurs propres capitaux, quand ils souscrivent à ses emprunts.

C'est d'ailleurs une chimère que de poursuivre par la diminution du nombre de parents successibles *ab intestat* l'augmentation des successions recueillies par l'État. Ce n'est nullement dans ce dessein que le législateur a limité à un certain degré la vocation héréditaire : c'est parce qu'il a pensé qu'une parenté trop lointaine serait souvent difficile à établir et pourrait donner lieu à des difficultés et à des procès de tout genre. En 1892, l'État français n'a recueilli que pour 2 millions de francs environ de successions en déshérence, alors que les successions testamentaires dévolues à des étrangers ont atteint 259 millions. L'ensemble des successions dévolues, la même année, à des parents compris entre le quatrième et le douzième degré, n'a pas dépassé 138 millions : la même proportion de déshérence que pour les successions d'étrangers eût donné à l'État 1 million.

Si du reste on veut se rendre compte des résultats que produit la concession temporaire de la plus importante des propriétés humaines, celle du sol, il suffit de considérer le « mir » russe, cette commune agraire où les terres donnent lieu, à intervalles réguliers, à des distributions entre les paysans. Les inconvénients de ce régime sont apparus si clairement que le gouvernement cherche par tous les moyens possibles à substituer la propriété individuelle à ce régime collectiviste. La Douma, depuis de longs mois, discute un projet de réforme agraire qui aura pour effet d'introduire en Russie un régime foncier analogue au nôtre et de maintenir les mêmes terres dans les mêmes familles. Le ministre des Finances est le premier à pousser à l'accomplissement de cette évolution, qui mettra en face de lui des contribuables, de chacun desquels il pourra exiger le paiement des impôts, au lieu de communautés au sein desquelles les travailleurs doivent payer pour les paresseux et plient sous le faix d'une injuste solidarité.

Et c'est à l'heure où un immense empire reconnaît dans le régime communiste le plus formidable obstacle à tout progrès et fait des efforts vigoureux pour le modifier, que nous voudrions, par une série de lois insidieuses, nous y acheminer doucement ! Que l'on ne s'y trompe pas en effet. Il ne s'agit plus aujourd'hui de taxes fiscales. On feint de discuter le taux de l'impôt ; mais ce que l'on vise, c'est le capital, le capital petit ou grand, accumulé par l'épargne et que l'on veut briser à mesure qu'il se forme. On obtient aisément les votes d'un parlement docile, parce que d'abord la majorité de ceux qui approuvent ces taxes successorales ne les paieront pas et ensuite qu'on fait sonner bien haut les mots de « richesse acquise » pour justifier les incursions du fisc sur un domaine qu'on lui livre de plus en plus. Nous rappellerons à cet égard les paroles prophétiques de M. Léon Say quand, il y a vingt-quatre ans, au cours des mémorables conférences qu'il fit à l'École des Sciences politiques sur les solutions démocratiques de la question des impôts, il s'écriait : « La fortune acquise n'est pas autre chose que le capital accumulé par les générations passées ; c'est le patrimoine de la génération présente, et on voudrait mettre ce patrimoine entre les mains de l'Etat. Il n'est pas nécessaire de se livrer à de bien longues réflexions pour arriver à cette conclusion qu'une nation se ruinerait bien vite si elle vivait sur son capital. Notre système financier a des imperfections, mais il serait extrêmement dangereux de le transformer pour donner une satisfaction théorique à des doctrines qui ne peuvent conduire notre pays qu'à la ruine. Les nouveaux impôts peuvent être désastreux s'ils atteignent le capital national, et ce sont ceux-là qu'on préconise. Un peuple n'a qu'une réserve, c'est sa richesse acquise, ses épargnes annuelles. Cette réserve suprême, il faut la défendre énergiquement contre ceux qui, en l'entamant, auraient donné le signal de la décadence irrémédiable de notre pays. »

Voilà les réflexions qu'inspiraient à l'un des hommes qui ont le mieux connu nos finances certains projets d'impôt sur le revenu ou sur le capital, qui s'agitaient vaguement alors et dans lesquels il voyait poindre des dangers d'inquisition et de vexation personnelle qui lui rappelaient les mauvais jours des républiques italiennes du moyen âge. Que dirait-il aujourd'hui, à moins d'un quart de siècle de distance, d'une loi qui établit la confiscation partielle des successions, et des menaces d'inquisition fiscale dont l' « estimo, » le « catasto, » la table de possession de Florence, pourraient nous fournir l'image anticipée ?

La loi de finances de 1910 va déjà beaucoup plus loin, dans cette voie néfaste, que la plupart des autres législations étrangères. La Chambre avait même voulu y introduire des majorations de droits de 50 pour 100 en ligne directe, lorsqu'il n'y a qu'un héritier, et de 20 pour 100 lorsqu'il n'y a que deux ou trois descendants. Le Sénat s'est opposé à ces fantaisies, sur la portée desquelles il est inutile d'insister. Mais rien ne nous garantit qu'à la première occasion des propositions semblables ou de pires encore ne se reproduiront pas. Il importe d'éclairer l'opinion publique-sur la signification de mesures qui ne tendent à rien moins qu'à amputer de plus en plus largement le capital de la nation, sous prétexte d'en transférer une partie à l'Etat. Ce transfert est une véritable destruction, puisque ce qui était un capital pour le particulier devient une simple recette budgétaire, noyée dans des milliards que le Minotaure dévore chaque année et dont il ne reste rien. Parmi tous les engins fiscaux dont les nations modernes se sont armées, il n'en est guère de plus dangereux que les droits successoraux. Les nécessités budgétaires peuvent justifier en cette matière des taxes modérées, proportionnelles, au besoin une échelle dégressive. Mais l'inexpérience et la courte vue des ministres et des parlements ne tardent pas à dépasser la mesure, et la tentation de la progression est si forte que l'on court vite à l'excès.

On ne saurait s'élever avec trop de force contre les tendances d'une législation fiscale qui menace à la fois les bases de la famille, déjà si gravement atteinte par le divorce, l'alcoolisme et la stérilité volontaire, et les fondements de la richesse. Nous n'ignorons pas qu'il est de mode d'attaquer celle-ci et de répéter au peuple que le capitaliste est son ennemi. Les mêmes orateurs ne cessent pas d'ailleurs d'exalter les ressources de la France, de parler du développement nécessaire de l'agriculture, du commerce et de l'industrie. Ils paraissent ignorer que la fortune nationale n'est pas autre chose que l'addition des patrimoines particuliers : car si l'on voulait dresser l'inventaire de ce qui appartient en propre à l'Etat, on serait effrayé de l'exiguïté de la somme à laquelle on arriverait et de la médiocrité du revenu net que ce domaine fournit. Non seulement l'Etat ne tire rien ou presque rien de ce qu'il a, mais, si le malheur voulait que la quantité de biens qu'il gère augmentât sensiblement, on verrait entre ses mains

Comment en un plomb vil l'or pur *serait* changé,

et comment ce qui est bien administré par les particuliers dépérit dès que le fonctionnaire apparaît. Il faut que 38 millions de Français sèment, labourent et récoltent, pour apporter chaque année 4 milliards et davantage au percepteur. Plus on attaquera le capital qui produit les revenus capables de supporter un tel fardeau, et plus il deviendra difficile de réunir les ressources qu'exigent le soin de notre défense nationale et l'exécution des lois dites sociales.

ISBN : 978-1723086175

www.ingramcontent.com/pod-product-compliance
Lightning Source LLC
Chambersburg PA
CBHW070931220526
45468CB00005B/1734